SCHLESIEN
Entdeckungsreise in Bildern

Michael Welder

SCHLESIEN

Entdeckungsreise in Bildern

Verlag Gerhard Rautenberg · Leer

Alle Bilder dieses Buches stammen von Michael Welder. Die Karte auf dem hinteren Vorsatz wurde vom Paul List Verlag, München, zur Verfügung gestellt.

CIP-Titelaufnahme der Deutschen Bibliothek
Michael Welder
Schlesien / Michael Welder. – 2. Auflage –
– Leer: Rautenberg 1994
(Entdeckungsreise in Bildern)
ISBN 3-7921-0475-X

2. überarbeitete Neuauflage 1994
Gesamtherstellung: Druckerei Rautenberg, Leer

Printed in Germany
ISBN 3-7921-0475-X

Michael Welder

Schlesien neu entdecken

Zum Deutschen Turnfest 1938 in Breslau lief auch ein Zug mit Wettkämpfern aus Köln ein, die zur Erleichterung ihrer vermeintlichen Sprachschwierigkeiten sogleich am Bahnhof ihre deutsch-polnischen Wörterbücher auspackten. Schon als Schüler im Gymnasium habe ich über diese Story geschmunzelt, die mir meine Mutter als teilnehmende „Turnschwester" berichtete und von vielen Schlesiern immer wieder kopfschüttelnd bestätigt wurde.

Wer sich mit Ostmitteleuropa im allgemeinen und mit der Kulturgeschichte der ostdeutschen Provinzen vor 1945 im besonderen befaßt, lernt daraus zweierlei: bevor wir unsere östlichen Nachbarn der wiederholten Geschichtsmanipulation hinsichtlich ehedem deutscher Gebiete bezichtigen, müssen wir die weitverbreitete Ignoranz der Deutschen selbst zu ihren alten Kulturräumen anprangern. Die deutsch-polnischen Wörterbücher in Breslau 1938 sind natürlich nur die Spitze des Eisbergs.

Seitdem ist es eher schlechter als besser mit derlei Kenntnissen geworden und die Hoffnung bleibt, daß die dramatischen Ereignisse in Osteuropa des Jahres 1991 dank der nun häufig anfallenden Meldungen in allen Medien einen gewissen Ertrag bringen werden. Noch immer freilich gilt, daß im Bewußtsein aller Deutschen die Kenntnisse über die – ja immerhin eigenen – alten deutschen Ostprovinzen noch dürftiger sind, als es die Zunft der Osteuropa-Experten sowieso schon vermutet. Als ich unlängst meine aus Breslau stammende polnische Ehefrau in einer gebildeten deutschen Familie vorstellte, testete ich deren im Abitur stehende Söhne, wo dieses Breslau meiner Monika wohl liegen könne. Aber weder „Schlesien" noch „Deutschland", weder „Oder" noch „Osteuropa", weder „Polen" oder wenigstens „Riesengebirge" – egal: die beiden jungen Leute brachten keinerlei Assoziation mit „Breslau" über die Lippen. „Breslau", „Schlesien"? Nie gehört! Vor welchem angeblichen „Revanchismus", der nicht müde werdend den Polen bis vor kurzem amtlicherseits eingebleut wurde, ist da eigentlich gewarnt worden, wenn das Objekt des Revanchismus – die alten deutschen Ostgebiete – hier im deutschen Bewußtsein gar nicht mehr aufgehoben ist?

Schlesien muß also tatsächlich neu entdeckt werden – ob nun als alte deutsche Kulturprovinz, als Brücke zwischen Deutschen und Polen oder als neuer Wirtschaftsraum eines in die EG drängenden Polens: weit über 90% aller Deutschen haben von Schlesien keine Ahnung. Wer über diese hohe Prozentzahl stolpert, muß wissen, daß etwa 600 000 Deutsche zuletzt pro Jahr nach Polen reisten, also nicht einmal 2% (!) unserer Touristen!

Schlesien muß nach *zwei Seiten* hin entdeckt werden – gegen ein 45jähriges Vergessen in Deutschland und gegen ein 45jähriges Verdrängen in Polen. Der suchende Reisende hat mit beiden Ärgernissen zu tun. Selbst deutsche Reiseführer mitunter renommiertester Verlage strotzen vor Fehlern – wie soll man dann gegen absurde polnische Texte über Schlesien polemisieren? Die Fehlerqualität auf deutscher und polnischer Seite liegt allerdings auf unterschiedlichen Sektoren: während neuere deutsche Reiseführer durch betuliche Zweisprachigkeit bei Ortsangaben im laufenden Text brillieren wollen (auf daß das Ganze unlesbar wird!), und hin und wieder auch inhaltlich historische Fehler produzieren, arbeiten die Autoren polnischer Bildbände und Reisebroschüren über Schlesien bis ins Jahr 1991 mehr nach der Devise: „Polnisches erhöhen, Deutsches vermindern". Ich greife einmal einige Kostproben beider Geisteshaltungen aus den mir vorliegenden Werken heraus:

„Schließlich richtet sich der Blick auf die hochragende Kościół św. Krzyża i św. Bartłomieja / Kreuzkirche, Wrocławs älteste gotische Hallenkirche (1288–1350)" (DuMont Kunst-Reiseführer Polen, 1989, S. 541). „Die altehrwürdige Eisenkonstruktion des Most Piaskowy, der Sandbrücke, dürfen nur Straßenbahnen ... befahren" (Walter-Reiseführer Polen, 1989, S. 231). „Wrocław (Breslau), die geschichtsträchtige Hauptstadt von Unterschlesien, gehörte von 1742 bis 1945 zu Deutschland." (Walther, Reisehandbuch Polen, 1991, S. 145).

Zur Kritik obiger drei Texte schweifen wir probehalber kurz zu einem x-beliebigen Frankreich-Reiseführer hinüber, der zu Paris' höchstem Bauwerk treffend ausführt: „Wir schauen auf den Eiffelturm (Tour Eiffel) und sind begeistert". Setzte man dagegen (aus unerfindlichen Gründen) die französische Benennung vor die deutsche, dann würde daraus ein Kauderwelsch: da das französische „Tour" weiblich ist, könnte man ja wohl kaum schreiben: „wir schauen auf den Tour Eiffel (Eiffelturm) ...", und auch „wir schauen auf die Tour Eiffel (Eiffelturm) ..." wäre sprachlich ein Graus.

Einmal begriffen, ewig gelernt: Begriffe, insbesondere geographische, gehören immer zur Lexikalie der jeweils verwendeten Sprache und haben nichts damit zu tun, in welchem Land die beschriebenen Örtlichkeiten selbst liegen (Das fremdsprachliche Pendant kann bedarfshalber in Klammern dahinter gesetzt werden, aber keinesfalls anders herum!). Andernfalls müßte man ja stets „Moskau" auf russisch und „Peking" auf chinesisch schreiben (und noch dazu in den entsprechenden Schriften!) und nur noch von København und Lisboa sprechen, weil das schließlich die korrekten landeseigenen Namen für die dänische und portugiesische Hauptstadt sind. Nein, wer das nicht begreift und immer wieder falsch in Texten handhabt, will damit einen Effekt erzielen.

Einmal abgesehen davon, daß der (für deutsche Leser) polnische Wortsalat im ersten Textbeispiel vor der „Kreuzkirche" etwas ganz anderes als Kreuzkirche bedeutet, nämlich „Kirche (poln. Kościół) des Hl. Kreuzes und des Hl. Bartholomäus" ist das polnische „Kościół" diesmal männlich und folglich eine sprachliche Unmöglichkeit, von „die Kościół" zu sprechen.

Der Lektor des DuMont-Verlages muß entweder von allen guten Geistern verlassen (was er bestreiten wird) oder bedeutsamen Einflüsterungen aufgesessen sein. Gleiches gilt für das zweite herausgegriffene Beispiel, da „Most (poln. Brükke)" zwar männlich ist, aber im Duktus eines deutschen Satzes – so verwendet – furchtbar klingt. Das dritte Textbeispiel strotzt vorne und hinten von Fehlern: wenn schon „Wroclaw", dann bitte richtig mit „ł", also Wrocław; „Unterschlesien" muß erst erfunden werden (oder ist Hannover die Hauptstadt Untersachsens?) und daß es von 1742 bis 1945 zu „Deutschland" gehört hat, ist wiederum falsch, wie noch an späterer Stelle hier zu zeigen sein wird.

Die auffällig betuliche, doch falsch praktizierte Doppelsprachigkeit verursacht übrigens Lesern, die beider Sprachen mächtig sind, noch weitaus schlimmere Ohrenschmerzen und meine polnische Gattin will gar nicht glauben, was sie liest: daß nämlich eine polnische Ko-Autorin (im erwähnten DuMont-Fall) verantwortlich zeichnet. Um es also etwas salopp zu sagen: hier soll der deutsche Leser gezüchtigt werden! Oder sanfter in den Worten einer deutschen Touristin vor Ort in Polen, die partout die deutschen Ortsnamen nicht verwenden und die polnischen falsch aussprechen wollte: „Nein, wir Deutsche haben den Polen schon genug angetan, da wollen wir sie nicht noch mit den deutschen Namen irritieren!"

Die Tour d´ Horizon über den Pariser Eiffelturm bis nach Schlesien fördert eine immer wieder zu machende Entdeckung zutage: deutsche Publizisten, Historiker, Journalisten und Touristen praktizieren aus einer seltsamen Mischung von Unkenntnis, Unsicherheit und/oder verdrängter Schuld, insbesondere den Polen gegenüber, vielfach sprachliche Unterwerfung, die es in dieser Form den anderen deutschen Nachbarn gegenüber nicht gibt.

Die sprachliche Schlamperei in deutschen Texten entspricht der eingangs gemachten Bemerkung über die inhaltliche Dürftigkeit deutschen Wissens über Schlesien. Wer nicht (mehr) weiß, daß der (deutsche) Fritz Reuter im schlesischen (deutschen) Silberberg als Staatsgefangener einsaß, stutzt wohl kaum, wenn ihm ein polnischer, jedoch deutschsprachiger Prospekt über Schlesien einen „Fryderyk Reuter" als „preußischen Gefangenen" in „Srebrna Góra (polnisch für Silberberg)" vorführt. Und damit sind wir beim zweiten Kapitel der Desinformation: den polnischen Texten über die „Oder-Neiße-Gebiete" – und insbesondere über Schlesien.

Hier gilt zunächst die generelle Vorbemerkung, daß man in deutschen Texten über Schlesien über Fehler stolpert, in polnischen Texten dagegen zu stutzen beginnt, wenn hin und wieder einmal ganz unerwartet etwas Wichtiges stimmt. Nicht was die Höhe der Kirchtürme oder das Jahresdatum der Schlacht bei Liegnitz anbelangt, nicht in Hinblick auf Ski-Lifte im Riesengebirge oder Restaurants in Breslau – nein: was die wichtigen Zahlen und Fakten zu Geschichte und Raum, Grenzen und Menschen, Leistung und Leid betrifft.

Wer wird die in 45 Jahren produzierte ungeheure Menge an Papier und Metall für polnische Bücher und Denkmalsplaketten zwischen Ostpreußen und Schlesien voller falscher Texte oder zumindest extrem einseitiger Darstellungen sichten? Dann die Bücher einstampfen? Die Plaketten ersetzen? Wer, so fragt sich der staunende Tourist in Polens heutigem Westen, trägt die Verantwortung für diese historischen Fälschungen? Millionenfach verbreitet, in fast jedermanns Kopf in Polen gut verankert, so daß z. B. mein polnischer Schwager in Breslau (der ja auch Abiturient war), auf beliebige Fragen über die historische Bedeutung der 750jährigen Stadt, in der er nach Kriegsende geboren wurde, nach meiner Meinung nichts Gescheites weiß.

Die Schuld hat daran zuvorderst der (von uns maßgeblich entfesselte) Zweite Weltkrieg, der dem dann geschlagenen Deutschland große Territorialverluste im Osten des Reiches aufzwang. Die grausame, „normative Kraft des Faktischen“ hat Schlesien durch Flucht und Vertreibung der Mehrheit seiner deutschen Bewohner beraubt und durch die zeitgleich erfolgte Neubesiedlung „polonisiert“. Ohne den Zweiten Weltkrieg hätten wir Deutsche ja Schlesien gar nicht verloren und bräuchten nun keine Kritiken an polnischen Geschichtsmanipulationen vorzubringen. An diesen allerdings haben die verantwortlichen Politiker und Historiker Polens der ersten Nachkriegszeit die volle Schuld, weil sie die von Deutschland übernommenen Ostprovinzen als „Ziemie odzyzkane“ (=*wieder*gewonnene Gebiete) definierten.

Mag sein, daß man dem geschundenen polnischen Volk bei Kriegsende ein Unrechtsbewußtsein ersparen wollte, auf fremdem Eigentum zu siedeln. Neuer Siedlungsraum im Westen Polens als Rache für das von Deutschen erlittene Unrecht – das schien den polnischen Machthabern als Territorialbegründung wohl zu dürftig. Also: „wiedergewonnene“ statt „gewonnene“ Gebiete.

Was „wiedergewonnen“ ist, muß vor geraumer Zeit schon einmal polnisch gewesen sein – also ran an die Beweise! Wann war Schlesien polnisch? Am besten immer – freilich störte gelegentlich diese Germanisierung der furchtbaren Preußen, die letztlich abgewehrt werden konnte. Genießen wir folgende vier Kostproben aus polnischen Reiseführern und Bildbänden: „Im 11. Jahrhundert zählte die Stadt (Wrocław) bereits zu einer der bedeutendsten Städte Polens, ..., wurde um 1242 erneut angelegt, ... ist im 15. Jh. als die Wiege der polnischen Buchdruckerkunst bekannt ... Als die Stadt 1741 an Preußen kam, verfiel der Handel ... Des starken Germanisierungszwanges ungeachtet, bewahrte die Stadt polnischen Charakter.“ (Reiseführer „Polen“, Warschau 1971).

Noch besser: „Anfang des 15. Jahrhunderts zählte Wrocław über 20 000 Einwohner, mehr als irgendeine andere Stadt im Königreich Polen. Die Kaufleute von Wrocław verdienten am Handel. Ihre Partner waren Kaufleute aus Städten in Flandern, Italien, Skandinavien, Rußland, England und Schottland ... Polnische Bücher wurden oft in Wrocławer Druckereien gedruckt ... Der deutsche Nationalismus wurde im letzten halben Jahrhundert der Fremdherrschaft in Wrocław vorübergehend zum dominierenden Element.“ (Wrocław gestern und heute, Warschau 1979).

Und jetzt die Steigerung: „Die geschichtlichen Ereignisse zusammenfassend, sei daran erinnert, daß in Wroclaw zuerst das Geschlecht der Piasten herrschte, ab 1335 die Böhmen, ab 1526 die Habsburger und ab 1741 die Preußen. Immer jedoch, sogar während der langanhaltenden Periode der Germanisierung war Wroclaw wirtschaftlich und kulturell mit Polen verbunden.“ (Budrewicz, Polen für Entdecker, Warschau 1983).

Zuletzt aus einer der ersten Broschüren, die polnischerseits Breslau beim Namen nennt: „Die Geschichte von Breslau, ... die jahrhundertelang als slavische Siedlung existierte, beginnt im Jahre 1241 mit der Stadtgründung ... Die Vernichtung im Jahre 1945 der in ‚Festung Breslau‘ umgewandelten Stadt beendete eine fast 200 Jahre dauernde Epoche, in der Breslau zum preußischen und später deutschen Staat gehörte." (Wrocław/ Breslau – Ein kleiner Stadtführer, 1990).

Nach diesen Ergüssen polnischer Träume heißt es kräftig durchatmen – falls es einem nicht schon längst die Sprache verschlagen hat! Ähnlich unverfroren wie diese früheren polnischen Texte über Breslau haben während der Kriegszeit die Nazis über Krakau geschrieben: „deutsche Tochtergründung von Breslau und später trotz mannigfaltiger Polonisierungsversuche immer ‚kerndeutsch' im Antlitz; 1939 zu Deutschland zurückgekehrt".

Breslau war seit 1241 und mit ihm 7/8 des schlesischen Landes deutsch geworden – wie hätte man es zu „germanisieren" brauchen? Durch friedliche Einwanderung aus dem Westen, ohne die slawische Vorbevölkerung zu verdrängen, mittels langsamer Assimilation – ein Prozeß, der um 1400 bereits weitestgehend abgeschlossen war.

Anfang des 15. Jh. gehörte „Wrocław", wenn schon denn schon, zum Königreich Böhmen (und damit zum 1. Deutschen Reich) und der Vergleich seiner Einwohnerzahl mit „irgendeiner anderen Stadt im Königreich Polen" soll suggerieren, sie habe noch immer zu Polen gehört. Dann ist aber die raffinierte Auswahl der Handelspartner der Kaufleute von „Wrocław" merkwürdig, die zwar mit Gott und der Welt gehandelt haben müssen, komischerweise aber mit keiner Stadt in Deutschland. Ob Wrocław am Ende doch in Deutschland lag?

Bei derlei Angaben schwanken alle polnischen Texte ein bißchen. Manchmal ja, manchmal nein, am besten erwähnt man möglichst akribisch sämtliche Herrscherdynastien bis zum Ungarn Matthias Corvinus, weil böhmisch, besser noch tschechisch, dann aber auch habsburgisch oder österreichisch mindestens bis 1742 die Illusion befördern hilft, diese ganzen Jahrhunderte hätten mit einem deutschen Schlesien gar nichts zu tun. Erst diese vertrackten Preußen, die leider doch irgendwelche Deutsche waren, hätten dann das polnische Breslau germanisiert? Es ist schlicht eine faustdicke Lüge, daß zudem noch dieses Wrocław während der Periode der „Germanisierung" wirtschaftlich und kulturell mit Polen verbunden gewesen sei!

Um beim Beispiel Breslau zu bleiben, gibt es eine einfache historische Wahrheit: Schlesiens Hauptstadt war in 750 Jahren seiner Geschichte so deutsch wie Mannheim oder Nürnberg; fremde Minderheiten eingeschlossen. Wäre das preußische Schlesien anschließend mal den sächsischen Wettinern oder den bayerischen Wittelsbachern anheim gefallen, hätte sich am deutschen Schlesien doch nichts geändert! Dies zu vernebeln, diente der Wust 45jähriger Auftrags-Publizistik durch polnische Museums-Direktoren, Kirchenmänner, Publizisten und Journalisten.

In der internationalen Mathematik ist 8 + 8 immer 16, übertragen auf Schlesien: 8 deutsche Teile und 8 polnische Teile ergäben mit 16 Zählern eine faire Gesamtdarstellung des Landes, die beiden Völkern Rechnung trüge. In der polnischen Rechenkunst kam vor 20 Jahren noch ein ganz anderes Ergebnis heraus: 1 deutscher plus 8 polnische Bestandteile ergaben 9! Als ich 1987 meine Breslauer Frau kennenlernte, waren die polnischen Geschichts-Mathematiker schon bei 11 angelangt und einer steigenden Kurve gleich nähert sich seitdem die Wahrheit der magischen Zahl 16. Bei jedem Zähler mehr zeige ich meiner Frau die überfälligen Beispiele der historischen Korrekturen und wir sind beide gespannt, wann es in Deutschland und Polen die identische Summe von 16 Zählern in der historischen Gesamtbilanz geben wird.

Den ersten (!) polnischen Bildband über Breslau, den ich nicht mehr mit der Kneifzange anzufassen brauche, fand ich im August 1991 in einer Buchhandlung am Ring: „Wrocław, portret miasta (Porträt der Stadt)". Mit den deutschsprachigen Betextungen im Buch kann man fürs erste leben.

Die Wende in Osteuropa hat auch der historischen Wahrheit zwischen Estland und Siebenbürgen zum Durchbruch verholfen. Hier müssen gerade Deutsche und Polen ansetzen. Beide müssen Schlesien, Pommern oder Ostpreußen neu entdecken. So vielleicht wird es dereinst eine Brücke zwischen beiden Völkern werden.

Heute, Ende August 1991, sagte ich meiner Frau, daß wir bei 14 angekommen seien – 5 + 9 = 14! Ein zäher Fortschritt, aber es gibt ihn!

Görlitz an der Lausitzer Neiße. Wir schauen vom polnischen Ufer auf die größte schlesische Stadt, die bei Deutschland verblieben ist.

Rechts: Schloß in Militsch, 1799 durch Grafen Joachim Carl v. Maltzahn erbaut, eines der schönsten in Schlesien, das den Krieg überstanden hat.

Vorherige Doppelseite: Der Zobten, der 718 m hohe Bergkegel bei Breslau, begrüßt uns als Schlesiens Wahrzeichen.

Nächste Doppelseite: Das Schloß in Sagan ließ der berühmte Wallenstein erbauen (1631), Fürst v. Lobkowitz erweiterte den stattlichen Bau und Herzog Peter v. Kurland vollendete die Inneneinrichtung. Dessen Tochter Dorothea v. Sagan ging in die Literaturgeschichte ein.

Mit dem 1163 gegründeten Zisterziensterkloster Leubus beginnt die deutsche Bauernsiedlung in Schlesien.

Hirschberg, am Ring. Im Kriege unzerstört, verfiel der schönste laubengeschmückte Marktplatz Schlesiens in den 50er Jahren und mußte Anfang der 70er Jahre komplett restauriert werden.

Links oben: Schloß in Liegnitz, der zweitgrößten Stadt Niederschlesiens, nach Zerstörung im Februar 1945 wiederhergestellt. Vorne der runde Hedwigsturm, hinten der achteckige Hedwigsturm.

Links unten: In diesem „Fürstenkretscham“ von Buchwald (Hirschberger Tal) fand 1810 ein geheimes Treffen zwischen dem vor Napoleon geflohenen Freiherrn von und zum Stein und dem preußischen Staatskanzler Hardenberg statt. Ein denkwürdiger Ort aus der Zeit der Befreiungskriege.

Nächste Doppelseite: Das Riesengebirge mit Schneekoppe (links) und Reifträger vom Hirschberger Tal.

Schneekoppe, 1603 m, mit Schlesierhaus am Koppenplan. Höchster Berg Schlesiens und zugleich Böhmens.

Tiroler Bauernhäuser in Schlesien! 1837 gründeten die aus Österreich vertriebenen Zillertaler Protestanten nach der Aufnahme durch den preußischen König Friedrich Wilhelm III. neben Erdmannsdorf ihre Gemeinde Zillertal.

Rechts oben: Agnetendorf, „Haus Wiesenstein", 1902–1946 der Wohnort des schlesischen Dichters und Nobelpreisträgers Gerhart Hauptmann.

Rechts unten: Herbstwanderung vom alten Jugendkammhaus Rübezahl (Schlesien) zur Spindlerbaude (Böhmen), links im Bild. Die Visafreiheit für Polen und die ČSFR für Deutsche macht dies seit 1991 möglich.

Die größte Sehenswürdigkeit von Schweidnitz ist die evangelische Friedenskirche von 1652, die mit ihren 7500 Sitz- und Stehplätzen die schönste Fachwerkkirche Schlesiens ist.

Links: Kirche Wang in Brückenberg. Die aus dem 13. Jahrhundert stammende Stabholzkirche wurde 1842–1844 durch Vermittlung der Gräfin von Reden oberhalb Krummhübels als evangelische Kirche wiedererrichtet und gilt seitdem als Wahrzeichen des Riesengebirges.

Nächste Doppelseite: Welch herrlicher Blick von der Bolkoburg auf das Bober-Katzbach-Gebirge!

Schloß Fürstenstein, die „Marienburg Schlesiens“; letzter Besitzer war Graf von Hochberg (Fürst von Pleß).

Links: Rathaus in Münsterberg, 1888–1891 im Jugendstil neu erbaut.

Die 11 Holzlaubenhäuser in Schömberg, unweit der böhmischen Grenze, erinnern an die einst blühende Leineweberei Schlesiens.

Kloster Heinrichau, der älteste erhaltene Zisterzienserbau Schlesiens (1222).

Rechts: Wallfahrtskirche in Abendorf (1716–1721), das „schlesische Jerusalem“.

Bad Altheide, schon vor dem Ersten Weltkrieg bedeutendes Herzbad in der Grafschaft Glatz.

Rechts oben: Glatz, älteste Stadt Schlesiens, mit Glatzer Neiße und der Brücktorbrücke, die ihr Vorbild in der Prager Karlsbrücke hat.

Rechts unten: Am Reichensteiner Hang – landwirtschaftliche Idylle wie zu alten Zeiten.

Oberschlesien besaß auch ein „Rothenburg": Patschkau. 1987 wurde die Restaurierung des farbenfrohen Marktplatzes abgeschlossen.

DELIKATESY

ksiazki
BELETRYSTYKA
PEDAGOGIKA
NUTY
HISTORIA

Gleiwitz, mit 1981/83 restauriertem Ring. Vor dem Krieg kultureller Mittelpunkt des bei Deutschland verbliebenen Oberschlesiens.

Links oben: Habelschwerdt an der Glatzer Neiße, früher als „niederschlesisches Rothenburg" gelobt; hier lebte der Dichter Hermann Stehr (1862–1940).

Links unten: Ratibor, mit Pestsäule am Ring. Vor dem Krieg die südöstlichste Stadt Deutschlands.

Nächste Doppelseite: Neiße, eindrucksvoller Wiederaufbau der St. Jakobi-Kirche. Die im Krieg verheerte Stadt galt als „schlesisches Rom".

Ab 1815 bildete der Zusammenfluß von Weißer und Schwarzer Przemsza die preußisch-russisch-österreichische Grenze, die zwischen 1871–1918 als „Dreikaiserreichsecke" von Myslowitz in die Geschichte einging.

Rechts oben: Wallfahrtskirche auf dem Annaberg, das religiöse Wahrzeichen Oberschlesiens. 1921 weithin berühmt geworden, als der (abgewehrte) 3. polnische Aufstand das für Deutschland erfolgreiche Abstimmungsergebnis zu unterlaufen suchte.

Rechts unten: Oppeln, mit dem innerstädtischen Mühlgraben, im Hintergrund sein eigenwilliges „italienisches" Rathaus. Hauptstadt der Provinz Oberschlesiens vor dem Zweiten Weltkrieg.

Hier bei Landsberg bildete das kleine Flüßchen Prosna zwischen 1335–1945 Schlesiens Grenze zu Polen. Damit war sie für über 600 Jahre (!) die älteste deutsche Ostgrenze. Rechts im Bild: das alte deutsche Grenzstädtchen Landsberg.

Brieg an der Oder. Das in der Renaissancezeit erbaute Rathaus wurde nach starken Kriegsbeschädigungen (1945) wiederhergestellt.

Links oben: Kreuzburg, mit Rathaus am Ring. Von hier stammen die Schriftsteller Gustav Freytag („Soll und Haben") und Heinz Piontek.

Links unten: Schloß Oels, der besterhaltene Renaissance-Bau in Schlesien, zuletzt in Privatbesitz des letzten Kronprinzen Wilhelm v. Preußen (1882–1951). Heute beherbergt es eine Schule für polnische Pfadfinder-Leiter.

St.
Hedwig

Die Hl. Hedwig grüßt auch an der Dombrücke in Breslau. Im Hintergrund der Dom.

Links: Die aus Bayern stammende schlesische Herzogin Hedwig ist in diesem 1202 gestifteten 1. Zisterzienserinnen-Kloster Trebnitz begraben. Sie galt stets als Schutzpatronin für Deutsche und Polen. Im Klosterhof steht noch heute die deutschsprachige Hedwigsstatue.

Nächste Doppelseite: Breslau, mit Sandkirche, Kreuzkirche und Dom. Ein imposanter Panoramablick von der alten Lessingbrücke.

Die Aula Leopoldina war Deutschlands schönste Universitäts-Aula. Ihren Namen verdankt sie Kaiser Leopold (1640–1705), der die alte Jesuitenschule 1702 zur Hochschule „Leopoldina“ erhob.

Das Breslauer Rathaus zählt zu den größten profanen Backsteinbauten des deutschen Spätmittelalters.

Nächste Doppelseite: Breslau, Rathaus und Maria-Magdalenen-Kirche.

Breslau, Universität mit Matthiaskirche und Universitätsbrücke über die Oder. Wir stehen auf dem Turm der Elisabeth-Kirche.

Im Jüdischen Friedhof an der alten Lohestraße. Mit über 13 000 zumeist deutsch beschrifteten Grabsteinen der größte Friedhof seiner Art östlich von Oder und Neiße – welch grausame Ironie der Geschichte! Zu den berühmtesten jüdischen Persönlichkeiten, die hier begraben liegen, zählen die Professoren F. J. Cohn und Heinrich Graetz, die Schriftstellerin Friederike Kempner und der SPD-Mitbegründer Ferdinand Lassalle.

Nächste Doppelseite: Breslau, Brückenstadt am Strom; rechts die Universitätsbrücke.

Übernächste Doppelseite: 1000 Jahre Schlesien, mit seinen deutschen und polnischen Spuren, liegen in diesem Abschiedsbild von der Breslauer Sand- und Dominsel.

Schlesien
geliebt und unvergessen
176 Seiten, gebunden
ISBN 3-7921-0423-7

K. Granzow/R. Hausmann
Schlesien in 1440 Bildern
712 Seiten, gebunden
ISBN 3-7921-0111-4

Hanna Grandel
Spezialitäten aus Schlesien
84 Seiten, gebunden
ISBN 3-7921-0383-4

Barbara Suchner
Schlesisches Wörterbuch
208 Seiten, Pappband
ISBN 3-7921-0455-5

J. Schultz-Tesmar
Reiseführer Schlesien
336 Seiten, gebunden
ISBN 3-7921-0379-6

Michael Welder
Reise nach Schlesien
Spurensuche zwischen Annaberg und Zobten
224 Seiten, gebunden
ISBN 3-7921-0367-2

VERLAG GERHARD RAUTENBERG

26787 Leer/Ostfriesland · Telefon 04 91 / 92 97 04

Schlesien

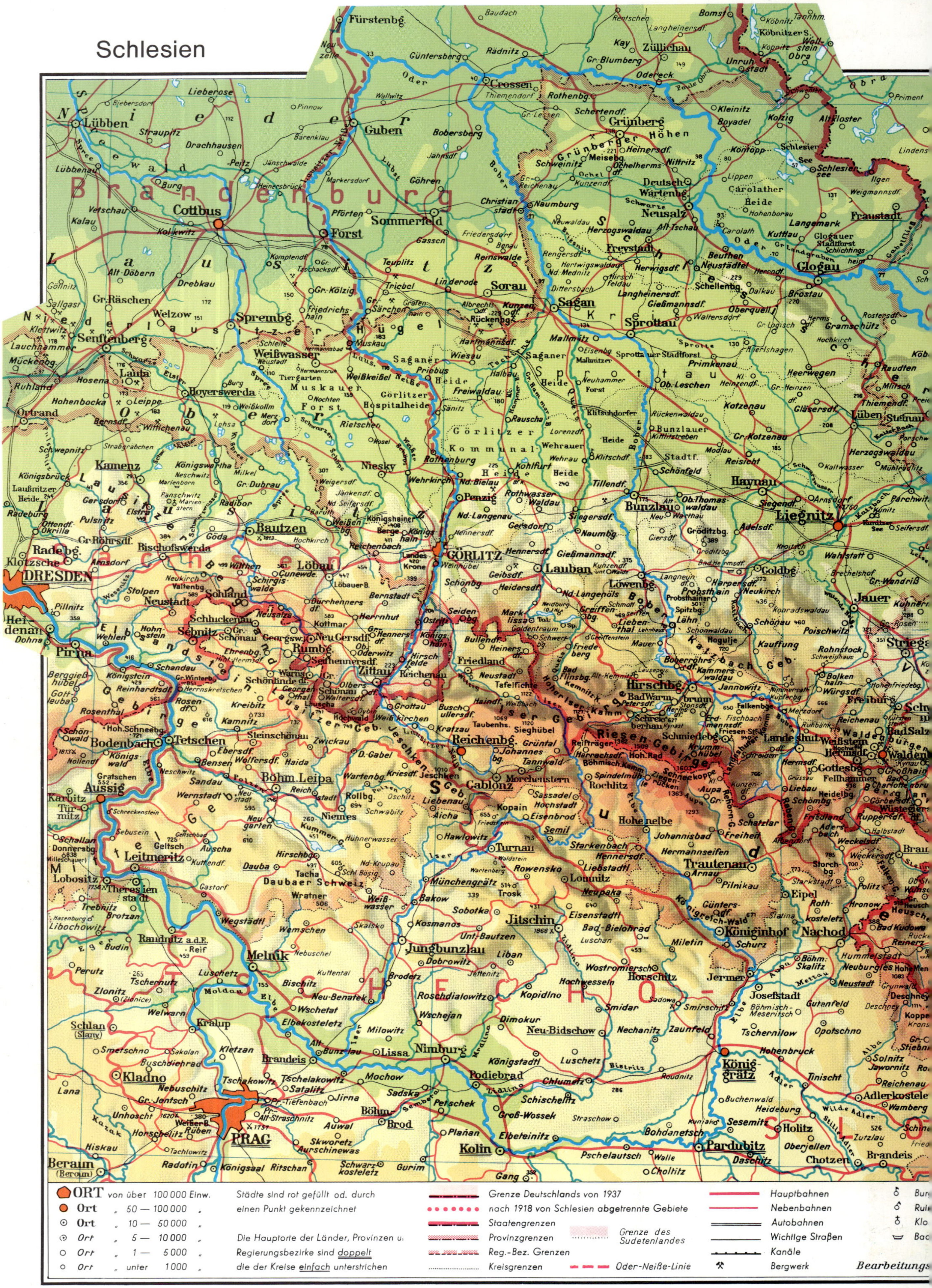

Maßstab 1:1000000 0 5 10 20 30 40 km